I LOVE TO KEEP MY ROOM CLEAN
AMO MANTENERE IN ORDINE LA MIA CAMERA

Shelley Admont
Illustrated by Sonal Goyal, Sumit Sakhuja

www.kidkiddos.com
Copyright©2015 by S.A.Publishing ©2017 by KidKiddos Books Ltd.
support@kidkiddos.com

All rights reserved. No part of this book may be reproduced in any form or by any electronic or mechanical means, including information storage and retrieval systems, without written permission from the publisher or author, except in the case of a reviewer, who may quote brief passages embodied in critical articles or in a review.

Second edition, 2019

Translated from English by Annalisa Langone
Traduzione dall'inglese a cura di Annalisa Langone

Library and Archives Canada Cataloguing in Publication
I Love to Keep My Room Clean (Italian Bilingual Edition)/ Shelley Admont
ISBN: 978-1-5259-1157-6 paperback
ISBN: 978-1-77268-457-5 hardcover
ISBN: 978-1-77268-000-3 eBook

Please note that the Italian and English versions of the story have been written to be as close as possible. However, in some cases they differ in order to accommodate nuances and fluidity of each language.

It was a sunny Saturday morning in a faraway forest. Three bunny brothers had just woken up when their Mom entered the room.

Era un sabato mattina soleggiato in una foresta lontana. Tre fratellini coniglietto si erano appena svegliati quando la loro mamma entrò nella camera.

"Good morning, boys," Mom said. "I heard you moving around in here."

"Buongiorno ragazzi," disse la mamma. "Ho sentito un po' di movimento."

"Today is Saturday, we can sleep as late as we want," said the middle brother with a smile.

"Oggi è sabato, possiamo dormire fino a quando vogliamo," disse con un sorriso il fratello un po' più grande.

For those I love the most—S.A.
Per quelli che amo di più—S.A.

"You can stay in your beds for a while," Mom said, "but I'll have to leave. I need to visit your Granny today. You'll stay with Daddy until I come back."

"Se volete potete rimanere un po' nei vostri letti," disse la mamma, "ma io devo andare via. Oggi devo andare a trovare la nonna e voi rimanete con papà fino al mio rientro."

"When you get out of your beds and brush your teeth, you'll have your breakfast. After that, you can read books or play with your toys," Mom continued. "Or, you can go outside and ride your bicycles."

"Quando vi alzate, lavatevi i denti e andate a fare colazione. Poi, potete leggere un libro oppure giocare con i vostri giochi," continuò la mamma. "Se volete, potete andare fuori, andare in bici o giocare a pallacanestro."

"Hooray!" The bunny brothers started to jump on their beds happily.

"Evviva!" I fratellini coniglietto iniziarono a saltare felici sui loro letti.

"But…" said Mom, "you are responsible for cleaning your room."

"Ma…" disse la mamma, "siete incaricati di pulire la vostra camera."

"When I come back, I want to see this house clean and organized, exactly as it is now. Can you do this?"
"*Quando torno, voglio vedere questa casa pulita e sistemata, proprio come è adesso. Ok?*"

"Sure, Mom," answered the oldest brother proudly. "We are big enough and we can be responsible."

"Certo, mamma," rispose prontamente il fratello maggiore. "Siamo grandi abbastanza e possiamo avere degli incarichi."

After they brushed their teeth, Dad served a delicious breakfast and an even more delicious dessert. Then the fun began!

Dopo aver lavato i denti, il papà preparò una colazione deliziosa con un dolce buonissimo. Poi iniziò il divertimento!

The bunnies started by putting together their puzzle. Then they continued with their wooden building blocks. Next they turned on the train set and played together with the tracks.

I coniglietti iniziarono a fare insieme il loro puzzle. Poi continuarono con le loro costruzioni in legno ed infine giocarono insieme con il loro trenino.

"This railway train is my favorite," said Jimmy as he flipped the on switch. The train shook the track as it moved.

"Questo trenino è il mio preferito," disse Jimmy appena accese l'interruttore. Il trenino cominciò a muoversi.

"This is the best present I've got on my last birthday."

"Questo è il regalo più bello che ho ricevuto per il mio ultimo compleanno."

After playing inside for hours, the bunnies grew bored.
Dopo aver giocato per ore, i coniglietti iniziarono ad annoiarsi.

"Let's go play outside!" said the middle brother, looking out the window.

"Andiamo a giocare fuori!" disse il fratello più grande guardando fuori dalla finestra.

"Yeah! But we need to clean up here first," said the oldest brother.

"Sì! Ma dobbiamo prima pulire qui," disse il fratello maggiore.

"Oh, we have enough time before Mom comes back," answered Jimmy, "we can clean up later." The older brothers agreed and they all went out.

"Oh, abbiamo tanto tempo prima che la mamma ritorni," rispose Jimmy, "possiamo pulire dopo." Il fratello grande accettò ed andarono tutti fuori.

Outside, the three bunny brothers enjoyed the sunny weather. They rode their bicycles and played hide and seek. Finally, they decided to play basketball.

Fuori i tre fratellini coniglietto si divertirono sotto il sole. Andarono in bici e giocarono a nascondino. Infine decisero di giocare a pallacanestro.

"We'll need our basketball," said the oldest brother. "But I don't remember where we put it."

"Abbiamo bisogno della nostra palla da basket," disse il fratello più grande. "Ma non ricordo dove l'abbiamo messa."

"I think it's under my bed," added Jimmy. "I'll go check." With that, he ran inside the house, hoping to find the ball.

"Penso che sia sotto il mio letto," aggiunse Jimmy. "Vado a controllare." Così corse dentro casa nella speranza di trovare la palla.

When he opened the door to their room, he was very surprised. The floor was covered with puzzle pieces, building blocks, cars, trucks, and other toys.

Quando aprì la porta della loro camera rimase sorpreso. Il pavimento era pieno di pezzi del puzzle, costruzioni, macchinine, camioncini ed altri giocattoli.

"There are too many things thrown on the floor", said Jimmy, making his way toward his bed.

Andando verso il suo letto, Jimmy disse "Ci sono troppe cose a terra".

Eventually, he stumbled and lost his balance. He was trying to stay upright, but instead fell directly on his favorite train.

Ad un certo punto inciampò e perse l'equilibrio. Cercò di rimanere in piedi, ma cadde proprio sul suo trenino preferito.

"Ouch!" he screamed, watching the train's wheels flying in different directions. "Noooo, my favorite train!" Jimmy burst into tears.
"Ahi!" urlò guardando le ruote del treno volare dall'altra parte. "Noooo, il mio trenino!" Jimmy scoppiò a piangere.

"Are you alright, honey?" Dad appeared at the door. He couldn't fit inside the room due to all the mess.
"Tutto ok, tesoro?" Il papà si affacciò dalla porta ma non poté entrare per il disordine che c'era nella camera.

"I'm OK. But my train…" cried Jimmy, pointing to the train's broken wheels.
"Tutto OK ma il mio trenino …" Jimmy piangeva indicando le ruote rotte del trenino.

"I can't even see the train," said Dad. "And what exactly happened in this room?"
"Non riesco a vedere il trenino," disse il papà. "Che cosa è successo esattamente in questa camera?"

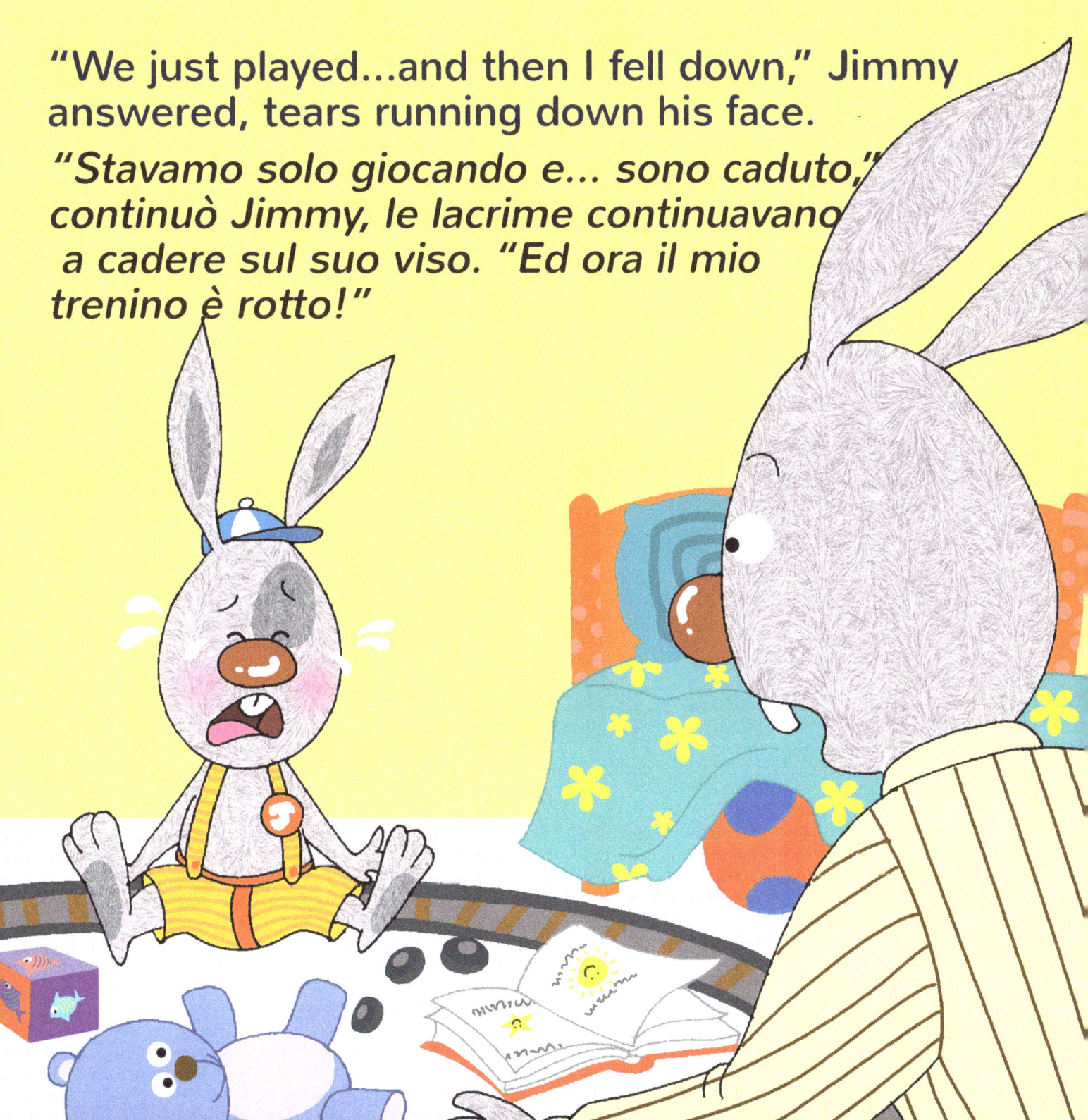

"We just played...and then I fell down," Jimmy answered, tears running down his face.

"*Stavamo solo giocando e... sono caduto,*" continuò Jimmy, le lacrime continuavano a cadere sul suo viso. "*Ed ora il mio trenino è rotto!*"

"Jimmy, why's it taking you so long?" The other brothers shouted as they ran into the house.

"Jimmy, perché ci stai impiegando tanto tempo?" si udirono le voci degli altri fratelli mentre correvano dentro casa.

"My train broke!" Jimmy couldn't stop crying.

"Il mio trenino è rotto!" Jimmy non smetteva di piangere.

"Don't cry, Jimmy," said the oldest brother. "We'll think of something. Dad?"

"Non piangere, Jimmy," disse il fratello più grande. "Troveremo una soluzione. Papà?"

"I'll check if I can fix it," answered Dad. "But you need to clean up in here."

"Posso controllare. Forse posso aggiustarlo," disse il papà. "Ma bisogna sistemare tutto."

"Bring me the train and the wheels after you find them," he said leaving the room.

"Quando le avrete trovate, portatemi il trenino e le ruote," così il papà uscì dalla camera.

"We need to hurry, before Mom comes back," said the oldest brother.

"Dobbiamo fare presto, prima che torni mamma," disse il fratello maggiore.

"Oh, cleaning up is boring," said Jimmy sighing.

"Oh, mettere in ordine è noioso," disse Jimmy sospirando.

"Let's play a cleaning-up game then," exclaimed his oldest brother.

"Facciamo il gioco delle pulizie," esclamò il fratello maggiore.

Jimmy became excited. "The storm is coming soon!" he shouted. "We need to help all the toys get back to their houses."

Jimmy diventò euforico. "La tempesta è in arrivo!" gridò. "Dobbiamo aiutare tutti i giocattoli a tornare nelle proprie case."

"We're superheroes," yelled the middle brother. He picked up toys from the floor and put each one in its proper place.

"*Siamo dei supereroi,*" *urlò il secondogenito. Stava raccogliendo i giocattoli dal pavimento per metterli ognuno al suo posto.*

Playing and enjoying themselves, the brothers organized and cleaned everything.

Giocando e divertendosi, i fratelli sistemarono e pulirono tutto.

"All wheels are here," exclaimed Jimmy, running to his father with the broken train in his hands.

"Tutte le ruote sono qui," esclamò Jimmy, correndo da suo padre con il trenino rotto e con le sue ruote nelle mani.

"Here, I found the basketball!" screamed the middle brother with excitement.

"Ecco, ho trovato la palla da pallacanestro!" gridò entusiasta il secondogenito.

"Put it in its box and...we are finished," said the oldest brother happily.

"Mettiamola nel suo contenitore e ... abbiamo finito," disse felice il fratello maggiore.

"It was really fun," said the middle brother, sitting down on his bed, "but it took us a whole hour. It was too much mess."

"*È stato davvero divertente,*" *disse il secondogenito sedendo sul suo letto,* "*Ma ci abbiamo messo un'ora intera. C'era troppo disordine.*"

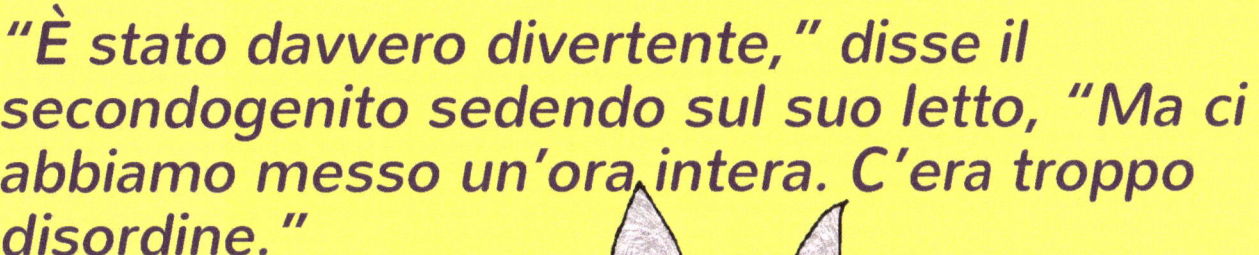

"No!" yelled Jimmy as he entered the room. "Don't sit there!"
"What? Why?!" asked the middle brother, jumping off the bed.
"No!" urlò Jimmy appena entrò nella camera. "Non sederti lì!"
"Cosa? Perché?!" chiese il secondogenito, saltando giù dal letto.

"You just made your bed. If you sit on it now, you'd have to make it again," explained Jimmy.
"Hai appena sistemato il tuo letto. Se ti siedi sopra adesso, dovrai rifarlo di nuovo," spiegò Jimmy.

"Maybe we could read a book now," suggested the oldest brother, approaching the bookshelf.
"Magari possiamo leggere un libro adesso," suggerì il fratello maggiore avvicinandosi alla libreria.

"Don't touch those books," shouted Jimmy.
"Non toccare quei libri," urlò Jimmy.

They thought for a while and then the oldest brother shouted: "I have an idea!"
Ci pensarono un attimo e poi il fratello maggiore urlò. "Ho un'idea!"

"What if we clean up after each game?" he suggested. "Then it won't take so much time to put toys away."
"Che cosa ne pensate se mettiamo in ordine dopo ogni gioco? In questo modo non ci vorrà tanto tempo per mettere a posto i giocattoli."

"Let's try," said Jimmy happily.
"Proviamo," disse felice Jimmy.

First, the oldest brother read a beautiful book with pop-up pictures to his younger brothers. When they finished reading, he put it back on the shelf.
Il fratello maggiore cominciò a leggere un bellissimo libro animato ai suoi fratelli più piccoli. Quando finirono di leggere, lo mise a posto sulla mensola.

Next, they built a large tower out of their colorful blocks. When they were done, they put the blocks back into the box — and the room stayed clean!
Poi costruirono una grande torre con le loro costruzioni colorate. Dopo aver finito, misero le costruzioni nella loro scatola – e la camera rimase in ordine!

At that moment, Mom and Dad knocked on the door.
In quel momento, la mamma e il papà bussarono alla porta.

"I missed you so much," said Mom, "but I see you managed to keep your room clean. I'm so proud of you."
"Mi siete mancati tanto," disse la mamma, "ma vedo che avete saputo tenere in ordine la vostra camera. Sono fiera di voi."

"And here's your train, Jimmy," said Dad, handing him the toy. The wheels were fixed and Jimmy smiled widely.
"Ed ecco il tuo trenino, Jimmy," disse il papà dandogli il giocattolo. Le ruote erano sistemate e Jimmy fece un gran sorriso.

"Who wants to try cookies that Granny made for you?" asked Mom.
"Chi vuole assaggiare i biscotti che la nonna ha fatto per voi?" chiese la mamma.

"Me!" shouted the bunny brothers and their Dad.
"Io!" urlarono i fratelli coniglietto ed il loro papà.

"But we'll eat them in the kitchen, not in this clean room," said Jimmy very seriously. "Right, Mom?"
"Ma li mangeremo in cucina e non in questa camera pulita," disse Jimmy molto seriamente. "Giusto, mamma?"

The whole family started laughing loudly and went to the kitchen to eat cookies.

Tutta la famiglia scoppiò a ridere. Andarono in cucina a mangiare i biscotti.

Since that day, the brothers loved to keep their room clean and organized. They played with all their toys, but when they finished, they put everything back in its place.

Da quel giorno, i fratelli amarono tenere pulita e in ordine la loro camera. Giocavano con tutti i giocattoli ma quando finivano, mettevano tutto al proprio posto.

It never took them long to clean up their room again.

Non ci impiegarono mai più tanto tempo per sistemare la loro camera.

www.ingramcontent.com/pod-product-compliance
Lightning Source LLC
Chambersburg PA
CBHW040044100526
44584CB00033BA/4335